AF348823

SMART-КРИТЕРИИ

КЛЮЧЕВАЯ ИНФОРМАЦИЯ

- **Имена:** SMART цели, SMART критерии, SMART метод, SMART задачи, SMART цели, SMARTER метод

- **Используется:**

  - В менеджменте и управлении проектами критерии SMART используются для определения целей, а также эффективных ключевых показателей эффективности (KPI), и для содействия их достижению.

  - В области гуманитарных наук и развития личности они используются для постановки целей обучения.

- **Почему она успешна?** Принцип прост: цель должна соответствовать пяти критериям, чтобы подтвердить свою актуальность. Она должна быть конкретной, измеримой, достижимой, реалистичной и ограниченной по времени. Мнемоническая аббревиатура SMART также позволяет помнить об этих элементах, которые помогают ставить реалистичные цели.

- **Ключевые слова:**

  - <u>Ключевой показатель эффективности (KPI)</u>: вид измерения для оценки эффективности или результативности.

  - <u>Цель</u>: идеальный результат от реализации конкретных действий.

○ <u>Управление проектом</u>: организация всех действий, направленных на достижение поставленной цели.

ВВЕДЕНИЕ

В 1954 году в своей книге *"Практика менеджмента"* Питер Ф. Друкер (консультант по управлению бизнесом, 1909-2005) определил концепцию управления по целям (MBO), которая представляет собой постановку количественных и/или качественных целей в заданные сроки. Он также уточнил, что сотрудники должны участвовать в постановке целей, чтобы затем иметь возможность измерять и оценивать свою работу. Не используя формально аббревиатуру SMART, Друкер заложил основы этой концепции.

 ## УПРАВЛЕНИЕ БИЗНЕСОМ

На протяжении 20 века многие авторы рассматривали качества, необходимые для того, чтобы быть хорошим лидером. Так было с Кеннетом Бланшаром (американский эксперт по лидерству и менеджменту, родился в 1939 году) и Полом Херси (американский психолог, 1931-2012), которые отстаивали идею о том, что человек, способный ставить цели и соответствующим образом адаптировать свое руководство, является хорошим лидером.

Концепция целей SMART появилась только после того, как Джордж Т. Доран (профессор менеджмента, 1939-2011) опубликовал статью "Есть способ написания целей и задач менеджмента" (S.M.A.R.T. Way to Write Management's Goals and Objectives) (Doran, 1981). Доран утверждает, что не все цели должны соответствовать критериям SMART и полезнее использовать их в качестве ориентиров.

ОПРЕДЕЛЕНИЕ МОДЕЛИ

Аббревиатура SMART обозначает пять понятий, на которые необходимо постоянно ссылаться при постановке целей, чтобы подтвердить их актуальность. В порядке убывания эти понятия: конкретные (S), измеримые (M), назначаемые (A), реалистичные (R) и ограниченные по времени (T).

Первоначально эта модель использовалась для определения специфики цели или конкретного показателя в управленческой сфере или в сфере управления проектами, что предполагает преодоление абстрактной идеи и эффективное действие. Простота инструмента привела к тому, что его стали использовать и в других областях, например, в управлении персоналом, где конечной целью является стимулирование личного развития и повышение эффективности сотрудников. Эта техника также может использоваться индивидуально (путем постановки личных целей SMART) или в команде (менеджер может поставить цели, которые группа должна достичь вместе).

Хотя существует несколько альтернатив этой аббревиатуре, здесь будут проанализированы только самые распространенные варианты.

ТЕОРИЯ

SMART-КРИТЕРИИ

Хотя мы можем определить цель как результат ряда задач, которые должны быть выполнены, сами задачи также могут быть разделены на ряд подзадач. Например, чтобы добиться роста продаж (конечная цель), менеджер ставит задачу привлечь 100 новых клиентов.

Что касается критериев, то они являются необходимыми элементами для оценки цели, а показатели используются для проверки их выполнения. Так, критерий, устанавливающий срок выполнения задачи, может контролироваться временным показателем, например, "через неделю".

К критериям SMART могут обращаться как руководители, так и сотрудники. Первые, как правило, устанавливают цели для команды, за которую они отвечают, а вторые – личные цели.

Для начала давайте более подробно рассмотрим пять элементов, составляющих аббревиатуру SMART, по словам Джорджа Т. Дорана.

- **Конкретный.** Цель должна относиться к конкретному элементу. Этот критерий позволяет избежать слишком широких и, следовательно, слишком расплывчатых формулировок, таких как "увеличение прибыли компании"; лучшим вариантом будет что-то вроде "снижение стоимости машины A", где выгоды могут быть определены количественно. В данном примере "увеличение прибыли компании" будет считаться конечной целью, которая будет достигнута за счет снижения стоимости станка. Благодаря точному определению цели становятся более понятными действия, необходимые для ее достижения. Можно добавить подцели (снижение уровня брака, количества отказов и т.д.). Хорошая цель, согласно этому критерию, определяется следующими основными аспектами: она относится к обстановке или конкретному месту, а также имеет конкретное финансирование.

- **Измеримость.** Очень важно учитывать этот аспект, который позволяет измерять результаты при постановке целей в бизнесе. Для этого компания должна иметь надежные средства, во-первых, для доступа к данным, а во-вторых, для их правильной интерпретации. Не всегда возможно или легко дать количественную оценку цели, поскольку некоторые из них будут скорее качественными, чем количественными. Например, цель улучшения имиджа компании будет трудно оценить количественно. Тем не менее, необходимо рассмотреть этот компонент. В этом случае можно провести расследования и собрать числовые данные (восприятие компании общественностью по шкале от 1 до 10), а затем скорректировать цель.

- **Назначаемый.** Один или несколько человек должны быть четко определены как ответственные за достижение цели. Это могут быть внутренние или внешние сотрудники компании. Вы также можете поставить личную цель.

- **Реалистичность.** Эта концепция направлена на разграничение идеальной ситуации – более труднодостижимой – и конкретной цели. Цель должна быть достижима с помощью имеющихся у компании средств или новых средств, которые будут достаточно легко доступны. При постановке цели необходимо также учитывать действующее законодательство, чтобы она была реалистичной. Этот критерий будет влиять на мотивацию и вовлеченность сотрудников, поэтому он должен обеспечивать баланс между сложностью и достижимостью цели. В случае неудачи может быть полезно подумать о другой, менее амбициозной цели.

- **Ограниченность во времени.** При определении цели важно установить конечный срок. Без временных маркеров цель может фактически потерять свой конкретный характер, и поэтому будет невозможно проверить, достигнута она или нет.

Представленные здесь пять элементов – это те, которые предложил Джордж Т. Доран. В разделе "Расширения и родственные модели" мы увидим, что существует несколько вариантов.

ПРЕИМУЩЕСТВА МОДЕЛИ

Хотя простота и мнемоническое свойство аббревиатуры являются основными преимуществами модели, есть и другие:

- Во-первых, модель способствует достижению конкретных результатов, фокусируясь на осязаемых и поддающихся количественной оценке аспектах целей;

- Во-вторых, его можно применять в различных областях и даже использовать в личной жизни людей;

- Наконец, критерии SMART делают цель полной и практически не требуют дополнительных деталей.

- 10 -

ПРАКТИЧЕСКОЕ ПРИМЕНЕНИЕ

Хотя метод SMART кажется относительно простым, при постановке одной или нескольких целей вы должны тщательно следовать шагам, чтобы достичь их в установленные сроки, избегая при этом множества потенциальных подводных камней.

СОВЕТЫ И РЕКОМЕНДАЦИИ

Правило № 1 – цель должна быть конкретной

Независимо от области, размышления обычно начинаются с первого критерия: конкретности цели. Это служит напоминанием менеджерам, что они должны быть точными и постоянно иметь в виду все аспекты цели, которую они хотят определить. При использовании в управлении проектами или маркетинге первый вопрос, который следует задать, это: "Буду ли я ставить разные цели перед каждым работником или одну общую цель перед руководителем отдела?". Если руководитель хочет назначить разные цели каждому сотруднику, то велика вероятность, что он начнет с постановки одной общей цели, а затем разделит ее между различными отделами и сотрудниками. Он также может решить поставить общую цель и попросить руководителей отделов распределить подцели между своими командами. Если они устанавливаются на основе широкого участия, то сотрудники непосредственно сотрудничают в определении цели: они сами являются частью проекта и могут высказать свое мнение. Такой подход обеспечивает большую вовлеченность сотрудников, поскольку они участвуют в процессе с самого начала.

Правило № 2 – Цель должна быть измеримой

Что касается количественной или качественной измеримости цели, то прежде всего необходимо не только определить цель в цифрах, но и попытаться подумать о том, как эти цифры можно получить. Это не всегда легко понять, поскольку информация стоит дорого (например, всесторонее исследование рынка) или ее трудно объективно проанализировать (например, создание качественного продукта).

Если в компании нет отдела, который мог бы консолидировать эти данные, важно на этом этапе составить всеобъемлющий обзор данных, к которым будет легко получить доступ через внутреннюю сеть. Организация часто имеет больше ресурсов, чем может показаться человеку, ищущему информацию, даже если они распределены между различными отделами (бухгалтерия, маркетинг, финансы и т.д.). Данные, собранные в определенный момент времени, должны быть сохранены, поскольку они служат точкой отсчета для сравнения результатов, зарегистрированных после установленного срока.

Хотя концепция оценки подразумевается в модели, тем не менее, важно помнить, что этот шаг значительно поможет менеджеру в ретроспективе, когда он будет оценивать конечные результаты достижения цели. В некоторых случаях может быть полезно спрогнозировать различные сценарии в зависимости от пределов, которые будут использоваться для определения достижения цели: если целью является увеличение продаж на 25%, в какой момент менеджер будет удовлетворен, или, наоборот, в какой момент он решит изменить стратегию? Является ли 25% жестким нижним пределом или увеличение на 20% уже можно считать успехом, не ставя под сомнение стратегию? Менеджер будет по-разному реагировать, если заметит рост продаж на 15% или 20%, в то время как он рассчитывал на рост в 25%. В соответствии с этими сценариями могут быть применены различные типы корректирующих мер.

Правило № 3 – Цель должна быть назначаемой

Следующий шаг – поручить эту задачу сотруднику или внешнему лицу или организации, исходя из имеющихся ресурсов и стоимости привлекаемого аутсорсинга. На практике очевидно, что некоторые менеджеры предпочитают назначить ответственного, прежде чем решать практические вопросы, связанные с оценкой результатов. Таким образом, менеджер может определить вместе с торговым представителем, которому поручено это задание, количество продаж, которое он должен совершить, основываясь на показателях предыдущего года.

Правило № 4 – Цель должна быть ограничена во времени

Затем необходимо определить, когда цель может/должна быть выполнена. В обязанности менеджера входит разработка стратегии для обеспечения соблюдения сроков. Поскольку желательно обеспечить определенную гибкость на случай непредвиденных обстоятельств, менеджер постарается донести до своих сотрудников более жесткий график. Однако этим приемом не следует злоупотреблять, поскольку чем короче срок, тем большее давление оказывается на работников. Также может быть целесообразно использовать диаграмму Ганта для планирования подцелей, чтобы сохранить контроль над процессом достижения целей.

 ## ДИАГРАММА ГАНТА

Диаграмма Ганта (разработанная в 1910 году американским инженером и консультантом по управлению Генри Л. Гантом, 1861-1919) в основном используется как инструмент управления проектами. Она дает представление о различных задачах, которые должны быть выполнены (показаны горизонтальными полосами), и их возможном наложении друг на друга во времени. В настоящее время существует множество типов программного обеспечения, бесплатного или иного, для создания такого типа диаграмм.

Правило № 5 – Цель должна быть реалистичной

Наконец, вы должны убедиться, что цель достижима. Это понятие является наиболее субъективным элементом модели, и менеджеру предстоит оценить цель с помощью имеющихся инструментов (статистический анализ, маркетинговые исследования, опросы удовлетворенности и т.д.), а также собственной интуиции. Для этого они должны будут использовать:

- осязаемые цифры для оценки ожидаемой ситуации

- прошлый опыт

- прогнозы для оценки будущей ситуации.

Менеджер может решить проверить реалистичность цели на основе некоторых или всех вышеупомянутых понятий. В последнем случае он предварительно проверит, что люди, назначенные на проект, располагают достаточными средствами для достижения цели в срок. Этот критерий, на наш взгляд, является самым сложным для понимания и будет вызывать больше всего споров.

 ЗНАЕТЕ ЛИ ВЫ?

Интуиция" в менеджменте относится к эмоциональным и бессознательным элементам, которые не всегда обоснованы объективными данными и руководят менеджером в принятии решений. Менеджер сможет почувствовать, может ли новый проект быть реализован, в зависимости от своего опыта и опыта в аналогичных ситуациях.

Хотя метод SMART используется для правильного определения целей, его никогда нельзя использовать в качестве всеобъемлющего контрольного списка при постановке цели: некоторые элементы аббревиатуры могут отсутствовать. Таким образом, цель, которая не поддается измерению, конечно, будет менее легкой для реализации, но не обязательно бесполезной.

ТЕМАТИЧЕСКИЕ ИССЛЕДОВАНИЯ

Чтобы проиллюстрировать теорию, здесь вы увидите два примера постановки целей SMART в двух разных областях: управление проектами и личное развитие.

Критерии SMART в управлении проектами

> *Компания А инвестирует в новую машину, чтобы увеличить производство таблеток. 5 января менеджер формулирует свою SMART-цель следующим образом: "Во втором квартале Джордж Дюпон, отвечающий за проект, покажет эффективное увеличение уровня производства на 10 000 дополнительных ежемесячных единиц благодаря новой машине AX-02".*

- **Сила:** Эта цель отвечает всем критериям SMART-целей. Менеджер может оценить, действительно ли цель достигнута в выбранные сроки. В данном примере будет легко сравнить объем производства, например, с объемом производства в декабре (при условии, что объем производства постоянен) и убедиться в увеличении объема производства во втором квартале.

- **Слабые стороны:** Временные рамки относительно расплывчаты. Работники будут склонны считать крайним сроком конец второго квартала, в то время как для руководителя это будет начало второго квартала. Чтобы избежать путаницы, постарайтесь поставить цель как можно точнее.

Чтобы установить измеримую часть цели, менеджер будет опираться на предыдущие данные. Затем он может рассчитать процентное увеличение по сравнению, например, с предыдущим годом. Он также убедится в том, что этот дополнительный объем продукции можно продать, проведя специальное исследование рынка. Он проверит, насколько это реально, с помощью технических характеристик машины и производительности труда рабочих.

👁 ОСОБЫЙ СЛУЧАЙ: ПРОЕКТ С ПОДЦЕЛЯМИ

Если компании А станет известно, что производство планшетов сложнее, чем считалось ранее, она определит две подцели для достижения 10 000 дополнительных единиц продукции.

1. **Поиск нового сырья для производства большего количества продукции.** Таким образом, менеджер по закупкам (назначаемый) будет отвечать за то, чтобы до конца месяца (ограниченный по времени)

оценить поставщиков, связаться с ними и подписать контракт с тем из них, который предложит наилучшие условия (конкретные и измеримые). Эта цель представляется реалистичной, поскольку такого рода задачи не выходят за рамки компетенции менеджера по закупкам.

2. **Оптимизировать настройки машины для минимизации отходов.** Вторая подцель также будет выполнена менеджером по закупкам (назначаемый), который найдет наилучшее сочетание различных настроек (конкретные) – например, размер и форму пресс-формы и количество пластика. Поскольку производство должно начаться через полтора месяца, все корректировки должны быть сделаны до этой даты (ограниченные по времени). Если говорить конкретно, то факторы, которые делают продукт бракованным, необходимо устранить с помощью программного обеспечения, которое рассчитывает все возможности и определяет лучшие из них на основе уровня брака (измеримо). Чтобы эта цель была реалистичной, менеджер по закупкам должен быстро получить соответствующее программное обеспечение и как можно быстрее приобрести технические знания, чтобы иметь возможность эффективно его использовать.

Критерии SMART для постановки целей обучения

Августин, молодой выпускник литературного факультета, хочет заняться

Основное отличие целей обучения от других целей заключается в адаптации критерия "назначаемый" к критерию "амбициозный" (для целей обучения термин "амбициозный" предпочтительнее, поскольку предполагается, что цель всегда является личной). Это ни в коем случае не означает, что цели, поставленные в области управления проектами или маркетинга, не должны быть амбициозными. Еще раз подчеркнем, что метод SMART следует использовать как инструмент для достижения результатов, а не как контрольный список.

ВЛИЯНИЕ

ОГРАНИЧЕНИЯ И КРИТИКА МОДЕЛИ

Помните: не все цели обязательно должны быть SMART. Джордж Т. Доран разработал аббревиатуру не как контрольный список, а как помощь в формулировании целей для достижения ощутимых результатов. Поэтому:

- Не рекомендуется широко использовать эту модель каждый раз, когда вы хотите поставить цель. На самом деле, метод SMART не всегда подходит для постановки долгосрочных целей, поскольку реалистичный аспект может сдержать любые цели, которые воспринимаются как слишком амбициозные.

- Не все результаты могут быть измерены объективно; компания также не всегда обладает необходимыми навыками или финансовыми ресурсами для получения и интерпретации информации. Однако это ни в коем случае не означает, что она должна отказаться от фиксации целей.

- Адаптация цели на самом деле невозможна в рамках модели SMART (за исключением варианта "А" как "регулируемой", о чем речь пойдет ниже). Однако иногда важно учитывать потенциальные изменения в среде, в которой работает компания.

Американский предприниматель и преподаватель Брендон Берчард (основатель Академии экспертов, родился в 1977 году) также утверждает, что не все цели должны быть SMART, и демонстрирует это на различных примерах. Например, цель Христофора Колумба достичь Индии через Атлантику была далека от SMART. В то время она была не совсем реалистичной, поскольку сроки были неопределенными. Что касается измеримого аспекта, то он может быть только бинарным: цель либо достигнута, либо нет. Берчард напоминает, что важно помнить об идеалах, и предлагает другой акроним – DUMB, который является противоположностью модели SMART.

Он особенно возражает против реалистичности целей SMART, поскольку это, вероятно, самое сложное для оценки. По его словам, необходимо ставить сложную цель, если только она выполнима. Если предпочтение отдается "актуальному" варианту, то необходимо рассмотреть приоритеты компании. Если долгосрочным приоритетом является снижение затрат, то цель, направленная на повышение ценности продукта, будет противоречить этому и окажется неактуальной. Поэтому релевантность цели оценивается с точки зрения долгосрочных приоритетов компании или отдельного человека в случае целей обучения.

СВЯЗАННЫЕ МОДЕЛИ И РАСШИРЕНИЯ

Интерпретации модели SMART

Благодаря своей популярности модель SMART имеет множество вариаций. В таблице ниже перечислены наиболее распространенные:

Обычно встречается следующая комбинация: Конкретный, Измеримый, Достижимый, Релевантный и Ограниченный по времени. В этом случае обязательно используйте критерии "достижимый" и "релевантный" вместе, причем второй заменяет "реалистичный"; модель, содержащая и "достижимый", и "реалистичный", будет бессмысленной. Критерий "релевантный" обеспечивает дополнительное измерение, но отвергает концепцию распределения ответственности за проект.

Поэтому мы советуем продолжать использовать последний вариант, поскольку релевантность включена как в "специфический" критерий, так и в модель в целом.

Более разумная модель

Модель SMART имеет дополнительное расширение: SMARTER. Дополнительные "E" и "R" означают оценку и обзор. Ретроспективная оценка связана с измеряемым аспектом. Хотя он подразумевается в модели SMART, особенно "M", его необходимо четко определить, чтобы иметь возможность ответить на следующие вопросы:

- Кто отвечает за это?

- Как этого можно достичь?

Сам обзор требует принятия необходимых мер по корректировке после оценки. В таблице ниже перечислены наиболее распространенные варианты:

Учитывая популярность модели SMART, Брендон Берчард хотел (несколько озорно) поставить под сомнение ее использование и легитимность. Затем он предложил новый акроним, который позволяет больше амбиций и меньше реализма: критерии DUMB, семантическое поле которых прямо противоположно критериям SMART.

4 элемента, образующие аббревиатуру, следующие:

- **Руководствуйтесь мечтой.** Цели должны определяться мечтой. Подобно Христофору Колумбу, люди и бизнес должны установить идеал, которого они хотят достичь. Например, компания должна стремиться быть лучшей в своей области по качеству.

- **Поднимающий настроение.** В этом случае формулировка цели играет важную роль, поскольку она должна быть мотивирующей. Берчард иллюстрирует это на примере потери веса. Он говорит, что цель не должна быть выражена в негативном ключе, а скорее как "выглядеть как супермодель", что звучит более позитивно и поэтому больше вдохновляет.

- **Дружественность к методу.** Необходимо разработать четкую методологию, которая позволит человеку, преследующему цель, дисциплинировать себя для ее достижения. Имея цели обучения, вы можете придумать ежедневные действия для повышения своего уровня в этой дисциплине.

- **Ориентированная на поведение. На** этот раз концепция предполагает изменение поведения, которое должно изменить ситуацию: чтобы достичь своей мечты, люди не должны оказывать на себя слишком сильное давление, поскольку поведение напрямую влияет на положительное воздействие обучения и производительности.

РЕЗЮМЕ

- Модель SMART (аббревиатура от Specific, Measurable, Assignable, Realistic and Time-Bound) – это инструмент, используемый при постановке целей в области управления проектами и личного развития.

- Его простота и мнемоническая функция, разработанная для облегчения запоминания, являются основными причинами его успеха.

- Существует множество вариаций этой модели. Один из наиболее известных – критерии SMARTER, в котором добавлены критерии оценки и рецензирования.

- Его реалистичный аспект подвергается критике, поскольку он оставляет мало места для мечтаний и амбиций, что означает, что он не подходит для долгосрочных целей.

- Постановка подцелей может быть очень важна для завершения сложных проектов.

- Менеджер может выбрать:

  ○ сначала поставьте цель, а затем более детально проработайте ее, или наоборот;

  ○ включать сотрудников в процесс постановки целей или нет.

- Помните, что это метод получения результатов, а не контрольный список. Поэтому не все критерии должны всегда учитываться.

ДАЛЬНЕЙШЕЕ ЧТЕНИЕ

БИБЛИОГРАФИЯ

Берчард, Б. (2014) Умные цели – это глупость. *Заряженная жизнь.* [Подкаст]. [Online]. [Accessed 31 March 2015]. Доступно по адресу: < https://itunes.apple.com/gb/podcast/charged-life-brendon-burchard/id821746377?mt=2>.

Доран, Г. Т. (1981) Существует способ написания целей и задач руководства, основанный на S.M.A.R.T.. *Management Review.* 70(11), pp. 35-36.

Друкер, П. Ф. (1954) *Практика управления.* Нью-Йорк: HarperCollins Publishers.

Хоги, Д. (2014) Краткая история SMART-целей. *Project Smart.* [Online]. [Accessed 31 March 2015]. Доступно по адресу: < http://cdn.projectsmart.co.uk/pdf/brief-history-of-smart-goals.pdf>.

Мориссон, М. (2010) История SMART-целей. *RapidBI.* [Online]. [Accessed 31 March 2015]. Доступно по адресу: < https://rapidbi.com/history-of-smart-objectives/>.

Прунье, Й. (2013) Un objectif SMART n'est pas la panacée. *Les Echos.fr.* [Online]. [Accessed 31 March 2015]. Available from: < http://archives.lesechos.fr/archives/cercle/2013/04-/10/cercle_70057.htm>.

Vincent, F. (2013) Créer des objectifs S.M.A.R.T., une formule magique en marketing. *Stratégie marketing PME.* [Online]. [Accessed 31 March 2015]. Доступно по адресу: < http://

www.strategiemarketingpme.com/strategies/creer-
objectifs-s-m-r-t-formule-magique-en-marketing/>.

Йемм, Г. (2013) *Essential Guide to Leading Your Team: Как ставить цели, измерять эффективность и вознаграждать таланты.* Нью-Йорк: Pearson Education. стр. 37-39.

ДОПОЛНИТЕЛЬНЫЕ ИСТОЧНИКИ

Даллас, Дж. (2015) *"Умные цели: Everything You Need to Know About Setting S.M.A.R.T. Goals. Dream Big, Set Goals, Take Action.* Kindle Editions.

Гуджер, Дж. (2013) *SMART Goals: The Ultimate Goal Setting Guide.* Kindle Editions.

Скотт, С. Дж. (2014) *Goals Made Simple – 10 Steps to Master Your Personal and Career Goals.* Kindle Editions.

Мы хотим услышать от вас!
Оставьте комментарий о вашей онлайн-библиотеке
и поделитесь своими любимыми книгами в социальных сетях!

MASLOW'S
HIERARCHY
OF NEEDS

Personal
accomplishment
Esteem
Belonging
Security
Physiologic

THE SWOT
ANALYSIS

Мастер ISBN: 9782808601450

Бумажный ISBN: 9782808602907

Легальный депозит: D/2022/12603/291

Цифровое оформление: Primento,
цифровой партнер издателей.

www.ingramcontent.com/pod-product-compliance
Lightning Source LLC
LaVergne TN
LVHW010852200726
843508LV00012B/2872